나이팅게일의 눈물

나이팅게일의 눈물

초판 1쇄 발행일_2011년 3월 01일
초판 8쇄 발행일_2020년 10월 30일

지은이_게일
펴낸이_최길주

펴낸곳_도서출판 BG북갤러리
등록일자_2003년 11월 5일(제318-2003-00130호)
주소_서울시 영등포구 여의도동 14-5 아크로폴리스 406호
전화_02)761-7005(代) ǀ 팩스_02)761-7995
홈페이지_http://www.bookgallery.co.kr
E-mail_cgjpower@yahoo.co.kr

ⓒ 게일, 2011

값 7,000원

* 저자와 협의에 의해 인지는 생략합니다.
* 잘못된 책은 바꾸어 드립니다.

ISBN 978-89-6495-015-9 03810

'대한민국에서 간호사로 산다는 것' 제1탄

나이팅게일의 눈물

게일 지음

BIG 북갤러리

프롤로그

나의 어릴 적 싫은 기억 중 한 가지가 이사를 자주 다녔던 것이다.
초등학교 6년 동안 무려 4번의 전학을 했다.
그 이유는 아빠가 군인이었기 때문이다.
낯선 지역, 낯선 학교, 낯선 사람들과 만나는 것은 어린아이인 내게 큰 스트레스였다.
때로는 텃새를 부리는 친구들 때문에 맘고생도 하고 집을 못 찾아 길을 헤맨 적도 있었다.

초등학교는 3곳을 전학 다녔는데 한 학교는 내가 1학년 입학을 했던 학교로 마지막에 다시 전학을 갔기 때문에 총 네 번의 전학이지만, 학교는 세 군데인 셈이다.
어릴 적 말없고 소심했던 나는 잦은 이사와 전학을 통해서 활달하게 변

해갔고, 그것은 내 나름의 낯선 환경에 대한 적응법이자 생존본능적인 변화였다.

내가 2번째로 전학 갔던 학교는 내 삶에 큰 영향을 주었다.
학교 곳곳에 정원수들이 심어져 있고 다양한 꽃들도 많았다. 분수도 있었고 작은 연못도 있었다.
학교 앞마당은 그리 크지 않은 운동장과 담장 한 켠에 정원이 있었는데 예쁜 모자와 치마를 입고 앉아서 책을 읽는 소녀의 동상이 세워져 있었다. 그 주변으로 알록달록한 작은 벤치들이 여러 개 놓여 있고, 난 그 벤치에 앉아 한참동안 책 읽는 소녀의 동상을 바라보곤 했었다.

그 학교는 방과 후 학습이 자유로워서 학생이 원하면 언제든 방과 후 교실을 바꿀 수 있었다.
지금 생각해 보면 학생들의 끼와 재능을 발굴해 내려는 노력의 일환이었던 것 같다.
미술대회나 글짓기대회도 교내에서 자주 열렸다.
학생들의 학업 성적보다는 독서와 취미활동을 권장했다.
내가 처음 들어갔던 방과 후 교실은 펜글씨반이었는데 악필이었던 내게 꼭 필요한 것 같았다.

그러나 한 시간 내내 펜글씨노트에 의미 없는 글자들을 채워 넣으면서 나의 선택을 후회했다.

펜글씨반이 재미없다는 내 말에 짝꿍은 자기가 다니는 문예반에 끌고 갔다.

처음 문예반에 갔던 날을 잊을 수가 없다.

문예반 선생님은 그 전에 내준 책읽기 과제인 감상문 검사를 했는데 책 제목은 지금 생각나지 않지만 이전에 읽었던 책이었고, 읽어봤다는 말에 선생님은 생각나는 대로 감상문을 써서 내라고 하셨다.

할 수 없이 급한 대로 펜글씨반에서 사용하던 노트에 감상문을 대충 써서 제출했다. 선생님께서는 말없이 훑어보시더니 감상문들 틈 사이에 끼워 넣으셨다.

난 나중에야 그것이 그 선생님의 통과의례라는 것을 알게 되었다.

친구들을 통해서 문예반 선생님이 문단에 등단하신 작가라는 것을 알게 되었고, 그분이 쓴 시집도 있다고 했다.

그 선생님은 우리들에게 책을 많이 읽도록 권장하셨고, 책을 읽고 감상문을 쓰되 어떤 형식으로 쓰든 자유로웠다. 감동받은 내용을 시로 표현하기도 하고 일기형식이나 수필형식으로 표현하기도 하고, 어떤 친구는 만화형식으로 그려오기도 했다.

난 선생님이 시집을 쓰셨다는 말에 시인일 것이라고 생각하고 시를 많이 써서 냈다.

어느 날 선생님이 나를 따로 불러 어린이시집을 만들고 있다면서 주제를 주시며 시를 써오라고 하셨고, 난 몇 편 써야 하는지 몰라 생각나는 대로 몇 편 써서 드렸다.

내가 쓴 시가 실린 아동시집이 출간된다는 말을 하시면서 한 권 주겠다고 약속하셨던 선생님은 대학 강단에 서게 되어 급히 그 학교를 떠나게 되었는데 선생님의 마지막 수업에서 하신 말씀을 잊을 수가 없다.

"너희들 안에는 무한한 잠재능력이 숨어있다. 책을 많이 읽어라. 호랑이는 죽어서 가죽을 남기지만 사람은 죽어서 이름을 남겨야 한다. 나폴레옹처럼 역사 속에 이름을 남기는 사람도 있지만 최소한 내 이름 석 자가 적힌 책 한 권이라도 남기고 죽는 사람이 되어라."

선생님은 말을 다하지 못하고 돌아서서 눈물을 닦으셨고, 우리는 모두 가지 말라고 책상을 치며 울었다.

초등학교 3학년 어린 소녀에게 그 선생님은 신보다 위대한 정신적 우상이었다.

얼마 후에 호들갑스런 친구의 손에 이끌려 학교도서관에 비치된 아동시집을 보러 갔는데 그 안에 내 이름 석 자와 내가 쓴 시가 들어 있었다.
선생님이 그간 계셨던 수많은 초등학교, 수많은 학생들의 시를 모아두셨다가 초등학교 선생님으로서 마지막을 장식하는 아동시집을 출간하셨던 것이다.

자유롭고 순수한 어린 영혼들에게 '문학애(文學愛)'와 정신적인 삶의 분명한 목적을 심어주셨던 그분께 이 책을 통해 꼭 감사의 인사를 드리고 싶다.
"선생님! 선생님은 모르셨겠지만 전 그때 맘속으로 굳게 결심했어요. 선생님 말씀처럼 책을 쓰겠다고…. 그리고 드디어 책을 출판하게 되었어요! 선생님, 감사합니다!"

지은이에 내 이름 석 자 대신 'Gale'이라는 필명을 썼는데 나이팅게일의 '게일'을 의미하는 것으로, 인터넷 블로그에서 사용하는 닉네임이다.

요즘은 닉네임을 사용하는 작가들이 많고 내가 글만 쓰는 전문 작가가 아닌 임상에서 근무하는 간호사이기 때문에 부득이하게 닉네임으로 출간하게 되었다.

글의 내용을 보면 형식에 구애 없이 자유롭게 쓴 글이라 형식을 따지는 사람들에게는 제대로 갖추지 못한 형편없는 글이라는 평을 들을지도 모르겠다.
제1탄 '나이팅게일의 눈물'을 쓰면서 미화된 간호사의 모습보다는 인간적이고 임상적인 간호사의 모습을 있는 그대로 담아 놓았다.
전문작가의 매끄러운 글이 아니라 읽으면서 2% 부족함을 느낄지도 모르니 따뜻한 차 한 잔의 여유로움을 가지고 읽어 주시길….

마지막으로 처음 책을 내는 나에게 이메일로 친절하고 즉각적인 답변을 주시고, 부족한 글을 잘 썼다고 격려해주시고, 나의 까다로운 편집조건들을 충분히 반영해서 출판을 해주신 〈북갤러리〉 대표 최길주 님께 진심으로 감사의 말씀을 드리고 싶다.

2011년 1월
게일

차례

프롤로그 / 4

제1장 포기하지 마세요! / 15
제2장 별 열 개와 'J' / 27
제3장 오래했다고 제대로 하는 것은 아닙니다 / 35
제4장 이런 사람 꼭 있다(?) / 47
제5장 밝은 미소가 아름다운 그녀 / 55
제6장 자꾸 걸려 넘어지는 사람들…… / 63
제7장 천사의 자존심 / 71

제8장 긍정의 힘 / 83

제9장 뻔한 거짓말 / 89

제10장 '무대뽀' 사랑 / 99

제11장 고독한 죽음 / 113

제12장 나이팅게일의 눈물 / 119

제1장
포기하지 마세요!

알람이 울리기도 전에 난 이미 잠이 깨어 있었다.

요즘 들어 나는 여러 가지 생각이 많아졌고 따라서 꿈속에서조차도 생각을 멈출 수가 없다.

'그래, 오늘은 그렇게 하는 거야!'

미처 울리지도 않은 알람을 끄고 난 출근준비를 하기 위해 침대 밑으로 내려오며 생각했다.

전담간호사로의 하루 일과는 중환자실 출신의 내게 그리 힘겨운 것이 아니다.

일하면서 안타까운 것은 내과적인 문제를 가진 환자들의 대부분이 갑작스럽게 질병을 가지게 되었다기보다 오랜 시간 동안 정신적, 육체적 스트레스에 노출되어졌기 때문이라는 사실이다. 그래서 치료도 육체적인 투약과 더불어 정신적인 간호가 꼭 필요하다.

누군가 말했다. 암환자에게 "당신, 암입니다" 하는 순간 그 사람은 죽는다고……. 정신적인 포기는 곧 육체의 포기로 이어지기 때문이다.

정신이 육체를 지배한다는 것은 누구나 다 아는 사실이지만 임상간호에 있어서 정신적인 간호란 전무하다고 봐야 할 것이다.

병원에서 근무하는 간호사들은 간호에 촛점을 맞추기보다는 처치와 기록에 모든 시간을 할애하고 있는 거처럼 보인다. 참, 안타까운 현실이 아닐 수 없다.

전담간호사라는 직책으로 일하기 시작한 이후로 후배들을 바라보면서 새삼 정신적인 간호라는 것에 대하여 깊이 성찰해보게 되었다.

등불을 든 나이팅게일을 상징하듯 촛불을 들고 엄숙하게 외쳤던 나이팅게일 선서문……

가슴 찡한 감동과 함께 입으로만 외치는 나이팅게일이 아닌 사랑을 실천하는 나이팅게일이 되리라 다짐하였건만…….

전인간호……. 그야말로 정신적, 육체적, 정서적인 안녕을 위해 얼마나 실천했는가?

나는 어려서 몸도 약했지만 마음도 여려서 슬픈 일을 겪으면 눈물부터 나고 가슴이 조이듯 아팠다. 세월이 흐르고 세상의 때가 묻으면서 조금 무디어지긴 했지만 요즘도 가끔 그럴 때가 있다. 아직도 내 가슴속에 뜨거운 나이팅게일의 열정이 살아 숨 쉬고 있기 때문일까?

나는 드레싱 세트(dressing set)를 가지고 욕창치료를 하기 위해 병실로 들어갔다. 그 환자는 뇌경색으로 편마비가 온 분으로 스스로 움직이기를 포기하면서부터 전신강직(몸이 굳어버림)이 더욱 심하게 온 경우로 입원과 퇴원을 반복하고 있었다. 오랫동안 누워 지내면서 욕창이 생겼다 사라지고 이번에 중환자실에 입원하고 다시 욕창이 생겼다.

욕창치료를 끝낸 후 등 마사지를 해주며 마음먹었던 말을 꺼내었다.
"어르신, 포기하지 마세요!"
보호자는 내 말에 고개를 끄덕였다.
"맞아요. 작년까지는 그래도 본인이 움직이기도 하고 그랬는데……. 이제는 완전히 포기한 거 같아요!"

사람의 눈은 마음의 거울이라고 했기에 사람들의 눈을 보면서 나는 그들의 마음을 읽기도 한다.
삶을 포기한 사람의 눈엔 빛이 사라진다. 희망의 빛…….
바로, 삶의 욕구가 사라지는 것이다.

오랜 투병생활과 정상적인 사람으로 돌아갈 수 없다는 생각에 환자와 보호자들은 시간이 지나면서 서서히 포기를 하는 것 같다.
'긴병에 효자 없다'란 말이 있다. 욕창환자들의 몸 상태를 보면 환자와 보호자의 포기 정도를 가늠할 수 있다.

물질문명이 발달하고 삶이 풍요로워졌지만, 일하지 않는 사람에게 있어서 그 풍요를 누릴 수 없는 것은 당연하다. 그러기에 환자는 병들어 쓸모없게 되어버린 자신을 돌보는 보호자의 짜증을 고스란히 받아들여야 하고, 곁에 있어 주는 것만으로도 감사하는 것이다. 환자에게 보호자는 삶 그 자체이기 때문에 보호자의 말 한마디, 표정 하나에도 민감해지는 것이다.

"당신 때문에 내 삶도 엉망진창이 되었고, 당신 몸 보살피다가 내가 병나서 죽을 지경이에요!"

예를 들어 보호자가 직접적으로 위와 같이 말하지 않는다고 해도 보호자의 깊은 한숨소리나 부정적인 행동에도 환자는 그렇게 말한 것처럼 느낄 것이 분명하다.

삶을 포기한 환자들의 곁에는 포기할 수밖에 없게 만든 보호자들이 꼭 있다? 정답은 '그렇다'이다.

기적은 그냥 일어나는 게 아니다.

신은 스스로 돕는 자를 돕는다.

그 환자는 눈을 감아버렸고 보호자는 한숨을 내쉰다.

"선생님, 고맙습니다. 아무래도 선생님 말씀이 맞는 거 같아요. 이 사람이 이러지 않았는데 아무래도 포기한 게 맞는 거 같아요."

나는 지쳐 보이는 보호자의 등을 가볍게 안아주었다.

"힘들고 지쳤겠지만 이왕 하는 거 조금만 더 신경 써서 돌봐주세요."

보호자는 미소를 지으며 고개를 끄덕였다.

"병원 입원하면서 환자도, 나도 잠을 제대로 못자고……. 집에서는 고기를 갈아서 갖은 야채를 넣고 죽을 쒀주면 밥공기 절반가량은 자시던 양반인데……. 병원에서는 반찬을 대충 다져서 주니까 한 숟가락 떠 넣으면 이가 없어서 한없이 씹으니 몇 수저 먹지도 못하고……. 입에 안 맞으니깐 잘 먹으려고도 안 하고……. 이제부터는 집에서 내가 죽을 쒀가지고 와서 줘야겠어요. 진작 그렇게 할 걸……."

늘 그렇듯 보호자는 푸념조의 말들을 늘어놓는다.

그 환자의 몸은 뼈만 앙상하고 단백질 부족으로 팔, 다리에 부종이 생겼고, 더불어 욕창도 잘 낫지 않고 있었다.

영양사들이 여러 명인데. 이왕 하는 거 환자들 한 사람 한 사람 신경을 써주지는 못하더라도 최소한 영양상태가 좋지 않아 치료가 제대로 이루어지지 못하는 환자들만큼은 매일이 아니라도 자주 식사상태를 체크하면 좋을 것을……

보통사람도 고정된 자세로 있게 되면(예를 들면 깁스를 했다던가) 근력이 떨어지고 다시 움직이게 될 경우 정상적인 생활을 하려면 시간이 걸리는 법이다. 하물며 오랜 기간 침상에서 꼼짝 못하고 누워있으니 근력저하뿐만 아니고 식욕도 떨어지게 마련이다. 기본적인 재활치료가 입원시점부터 시행되어야 하는데 이미 굳어버린 앙상한 팔과 다리는 움직여 줄 때마다 환자는 고통스러운지 신음소리를 낸다.

침상에서만 생활해야 하는 환자가 입원을 하게 되면 제일 먼저 할 일은 합하여 선을 이루는 일이다. 그런데 합하여 선을 이룰 수 있는 일들을 우리는 놓치고 지나가는 것 같다.

간호사는 환자의 상태를 살피고 간호사정과 활력징후를 하여 의사가 환자상태를 제대로 파악할 수 있도록 돕는다.

의사는 그 환자에게 가장 급하게 해결해 주어야 할 것들에 우선순위를 매긴다.

피를 뽑고 여러 가지 검사를 시행한 후 약을 처방하면 약사는 약을 짓는다.

영양사는 영양불균형상태를 살펴서 식이(食餌)를 제공하고, 물리치료사는 환자의 운동범위를 살펴보고 재활치료의 계획을 세워야 한다.

간호사는 의사의 처방에 따라 약이 제대로 투여되고 있는지, 환자에게 더 필요한 부분이 무엇인지 보호자와 상의하여 필요한 약이 있으면 의사에게 알려야 한다.

매일 환자상태를 살펴 환자가 최대한 빨리 회복될 수 있도록 도와야 하며 정신적, 육체적, 정서적인 지지를 해주어야 한다.

이것이 합하여 선을 이루는 것이다.

의료진들은 서로 맡은 역할은 다르지만 협력하여 환자의 회복을 도와야 하고, 결과적으로 병원의 발전에 기여하게 될 것이다.

의료진들 중에서 간호사의 역할이 가장 중요하다. 내가 간호사라서가 아니라 환자와 24시간 함께 하는 의료인이 바로 간호사이기 때문이다. 바로바로 환자의 need(욕구)를 파악할 수 있는 사람이기 때문에 간호사야말로 정신적, 육체적, 정서적인 지지를 해줄 수 있는 사람이다. 그러나 삼위일체의 간호는 현실적으로 이루어지지 못하고 있다.

먹고살기 위해, 돈을 벌기 위해, 어쩔 수 없이 하는 일이라고 하더라도 우리는 돈 많고 건강한 고객을 상대하고 있는 게 아니고 도움을 절실히 필요로 하는 정신적으로, 육체적으로 힘든 환자를 돌봐 주는 일을 하고 있다. 그러기에 우리는 돈도 벌고 봉사도 하는 일석이조의 삶을 살아가고 있는 것이다.
　이 얼마나 위대한 사람들인가!
　자긍심을 가지고 일해야 할 것이다!

그리고 환자와 보호자들에게 꼭 이 말을 해주고 싶다.

"포기하지 마세요! 신은 어쩌면 당신에게 줄 선물을 준비하고 있을지도 모릅니다. 기적이라는 선물을…."

제2장
별 열 개와 'J'

"그 별은 뭐에요?"

전산상에 떠있는 환자정보조회 메모난에는 까만 별 10개가 표시되어 있었다.

"요주의 인물이에요!"

나지막하게 속삭이는 말에 나는 빙그레 미소를 지으며 고개를 끄덕였다.

"그럼 맨 뒤에 적힌 J는 무슨 의미에요?"

별 10개 뒤에는 대문자 'J'가 적혀있었다.
"진상!!"
이번엔 좀 더 큰 소리로 속삭였다.
나는 열려진 진료실 안을 고개를 돌려 쳐다보았다.
조금 전에 들어간 환자의 옆모습이 눈에 들어왔다.

외래환자뿐 아니고 입원환자들 중에 별을 달아주는 경우가 있다. 예를 들면 별 하나에서부터 10개까지……. 물론 다는 사람 맘이지만 많이 달수록 요주의 인물이 되며, 뒤에 J를 달았을 경우엔 최악의 환자, 즉 '진상'이라고 한다.

그럼 어떤 환자들이 별을 달까?

1. **말이 많은 환자** - 한 번 말을 시작하면 진료와 무관한 말들을 주절주절 늘어놓아 진료의 진행을 방해하는 사람들이다.

2. **잔소리가 많은 환자** - 훈계하듯 이건 이렇게 해야 한다, 저건 저렇게 해야 한다며 잔소리로 진료를 방해하는 사람들이다.

3. **불평불만이 많은 환자** – 이 병원은 뭐가 잘못되었다, 저게 잘못되었다며 투덜거리면서 불평을 늘어놓는 사람들이다.

4. **'버럭쟁이' 들** – 말투 자체가 버럭버럭 화를 내는 것 같은 사람들이다.

일단 위의 사람들에게는 정도에 따라 별이 달린다. 한 개의 별에서부터 열 개까지. 그리고 그들 중에 소란을 피우는 사건이 발생하게 되면 뒤에 진상이라는 의미의 'J'가 붙게 된다.

환자뿐만 아니고 보호자가 진상일 경우에도 별이 달린다.
그런 사람들의 경우를 살펴보면 지병을 오랫동안 앓으면서 귀동냥으로 얻어들은 잘못된 상식으로 가득찬 사람들이 많고, 또 다른 경우는 아는 게 너무 없어 자격지심이 있는 사람들이 종종 의심에 가득 차서 그런 행동을 하게 된다.

사람들은 긍정적이고 좋은 말이나 글보다는 부정적이고 나쁜 말이나 글을 더 잘 기억하게 된다.

  자신에게 혹시라도 그런 나쁜 일이 일어날지도 모른다는 두려움 때문에 과잉 방어적인 행동을 하게 되고, 그런 행동에 상대방이 공손하게 대하면 공손해지는, 그 자체가 의심스러워 더 진상을 피우기도 한다.
  반대로 상대가 화를 내거나 짜증을 내면 무시당했다고 생각하고 진상을 피우거나 뭔가 켕기는 게 있어서 화를 낸다고 또 의심을 하면서 진상을 부린다.

  그래서 그런 사람들이 진료를 받으러 오거나 입원을 하면 의료인들은 대화를 최대한 줄이고 꼭 필요한 말 이외엔 되도록 진료가 빨리 끝나기를 바라면서 최대한 시선을 피하려고 애쓰게 된다.
  '내가 이 병원 먹여 살린다!' 라고 생각하는지 마치 왕처럼 군림하려고 든다.

  그런 사람들은 대체로 이 병원 저 병원을 전전한다. 그 이유는 의료인에 대한 신뢰를 갖지 못하고 훌륭한 의사를 찾기보다는 자신의 맘에 완벽하게 드는 병원만을 찾기 때문이다.

옛 속담에 '돼지 목에 진주' 라는 말이 있다.
훌륭한 의사를 만나도 그런 환자들에겐 아무 소용 없다는 뜻이다.
자신의 질병을 잘 알고 제대로 치료하는 의사를 만나도 신뢰하지 못하고 자기 멋대로 약복용을 늘였다 줄였다 하기 일쑤이고, '팔랑귀' 처럼 여기저기서 하는 이야기에 이 병원 저 병원으로 전전하게 된다. 결국 질병으로 몸은 심하게 망가지고 치료불가능한 지경이 되어서 입원하는 경우를 자주 본다.

질병은 육체뿐만 아니라 정신적인 영향을 많이 받는다.
입원환자들을 돌보다 보면 그것을 절실히 느끼게 된다.
긍정적인 사람들은 질병에 걸려도 치료가 빠르다. 하지만 부정적인 사람은 같은 질병에 걸려도 퇴원이 늦고 늘 불평을 늘어놓는다. 결국 퇴원을 하고 얼마 안 있어 다시 입원하는 경우가 허다하다. 다시는 이 병원 안 올 것처럼 불평하면서 퇴원하지만 얼마 지나지 않아서 오만상을 찌푸리며 살려달라고 다시 입원한다. 그리고 몸이 좀 나아질 즈음되면 다시 불평을 늘어놓으면서 똑같은 말을 반복하고 퇴원한다. 참 이상한 것은 그런 사람들이 더 자주 입원을 한다는 것이다.

살면서 우리는 여러 가지 이유로 병원을 찾게 될 것이다.
어떤 질병으로, 어떤 병원에서, 어떤 치료를 받게 될 경우에라도 긍정적인 생각으로 의료인을 신뢰해야 한다.

웰빙(well-being)이란 내가 정상인이든 장애인이든 처한 환경 속에서 즐겁고 행복하게 살아가는 것이다.
모든 것은 내 안에서 일어나는 현상이고, 결국 내 몸과 마음을 제대로 다스리지 못하면 질병이 생기는 것이다.

나는 병원을 찾는 사람들에게 이렇게 말해주고 싶다.
"당신이 받고 있는 고통은 바로 당신 때문에 생겨난 것입니다. 약은 고통을 줄여주지만 결코 없앨 수는 없습니다. 지금 당장 당신에게 고통을 준 원인을 찾아 과감히 없애십시오! 그러지 않으면 당신은 평생 고통 속에서 살아가게 될 것입니다……."

제3장
오래했다고 제대로 하는 것은 아닙니다

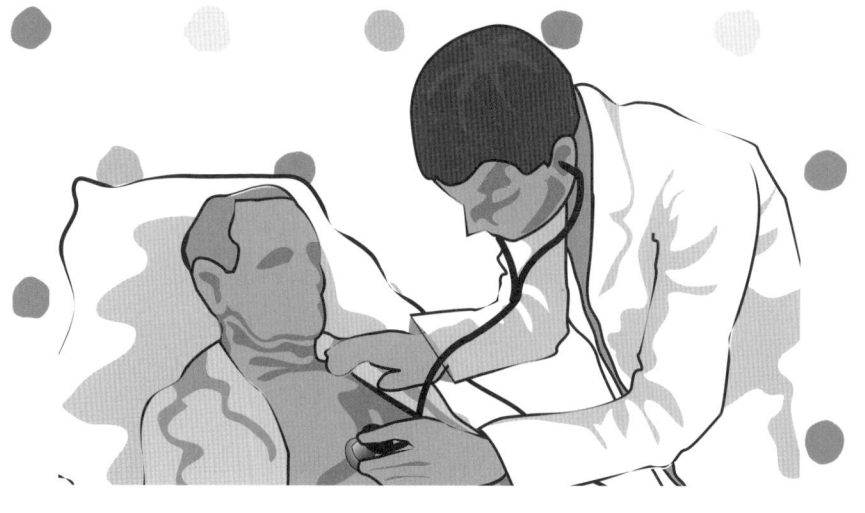

"내가 이 일을 시작한 게 벌써 10년도 넘지!"
"이런 환자 여럿 돌보았어요!"
"맨날 하는 일인데 뭘. 걱정하지 말아요!"
간병인들이 자주 쓰는 말이다.

최근 간병인을 쓰는 환자들의 수가 늘고 있다.
가족들이 돌보는 경우가 아직은 많지만 핵가족화와 노인인구의 증가는 간병인 증가로 이어졌다.

 가족이 없는 환자도 늘어나고 있는 추세라 간병인의 역할은 점점 더 확대되어질 것이다.

 간병인은 의료인이 아니다. 그러나 간병인도 환자들에게 간호의 일부분을 담당하고 있다.

 간병인을 두고 있는 환자를 살펴보면 스스로 거동을 못하거나 침상 안정을 해야 할 경우가 대부분이다.

 24시간 동안 내 부모형제도 아닌 사람 옆에서 손발이 되어준다는 건 아무리 돈을 많이 준다고 해도 결코 쉬운 일이 아니다.

 그러기에 나는 열심히 하시는 간병인에게 격려의 말을 아끼지 않는다.

 간병인들의 연령대를 살펴보면 거의 50대 이후의 여성분들이다.

 오랫동안 간병인을 해왔다고 자신 있게 말씀하시는 분들을 나는 더 주의해서 지켜본다.

 연령이 많고 오랫동안 일을 해 오신 분들의 경우 배운 대로 일을 하지 않고 잘못된 간병습관과 타성에 젖어 일하는 것을 종종 보게 된다.

가끔 직장임을 망각하고 환자돌보기를 게을리 하거나 모여서 자신이 돌보는 환자의 사생활까지 떠벌이기도 한다.
제대로 말도 못하고 움직이지 못하는 환자의 경우 간호사나 보호자가 올 때만 열심히 하는 척하기도 한다.
간병을 잘하고 있는지는 돌보는 환자의 몸을 살펴보면 잘 알 수 있다. 또한 자신이 돌보는 환자에게 어떤 간병을 해주어야 하는지 물어보거나 시켜보면 답이 나온다.

개인간병인을 두지 못하는 환자들은 공동간병인들이 있는 병실에 입원한다.
공동간병인실에 있는 간병인들은 개인간병인들보다 경험도 풍부해서 능숙하게 환자를 돌본다.

나는 공동간병인실에 계신 환자분의 재활 치료하는 것을 관찰하기 위해 병실로 들어섰다.

간병인 두 명이 한 환자 옆에 서 있었다.
"할머니! 가래 좀 뽑자!"
한 간병인이 침대를 낮추더니 환자 머리 밑에 있던 베개를 휙~ 잡아 뺐다. 정신이 혼미한 환자의 머리는 힘없이 아무렇게나 침대 위로 나동그라졌다.

환자에게는 심전도기기(EKG monitor)가 부착되어 있었고, O2 saturation(산소포화도)은 94%를 나타내고 있었다.
또 다른 간병인이 다가왔고, 한 사람은 환자의 팔과 어깨를 잡아당기고 다른 한 사람은 환자의 반대쪽 어깨를 들더니 한 손으로 베개를 밀어 넣었다.

한 사람이 마우스피스(mouth piece)를 입에 물리고 다른 한 사람은 suction(가래 뽑기)을 시작했다.
환자는 의식이 혼미한 상태에서도 손을 올려 자신의 얼굴을 잡고 있는 간병인의 팔을 잡아당겼다.

다른 간병인은 O2 세츄레이션(saturation)이 84%까지 떨어졌는데 신경도 쓰지 않고 계속해서 suction(가래 뽑기)을 했다. 환자는 숨이 막힌 듯 몸부림을 치기 시작했다.

"그만하세요! 산소 수치를 보면서 가래를 뽑으셔야죠!"
나는 그들을 향해 나직하면서도 단호한 어조로 말했다.
간병인들은 가래 뽑기를 멈추고 그제서야 나의 복장을 아래위로 훑어보았다.

간호사들과는 다른 색깔의 복장에 하얀색 겉 가운까지 걸친 나를 쳐다보던 간병인들은 의아해하는 눈치였지만 일단 1차 가래 뽑기는 그렇게 끝이 났다.

간병인은 베개를 머리 위로 받치더니 침대를 올린 후 산소 수치를 보며 환자의 가슴을 치면서 숨을 쉬라고 소리쳤다. 다행히 O2 세츄레이션은 95%까지 올라갔고, 환자는 힘겹게 숨을 몰아쉬었다.

간병인 한 사람이 나가더니 간호사를 불러왔다.

"할머니 가래 좀 뽑을게요."

간호사는 나를 한 번 힐끗 쳐다보더니 O2 세츄레이션을 쳐다보았다.

그러는 동안 간병인들은 아까처럼 환자를 눕혔고, 석션이 다시 시작되었다.

두 사람의 간병인이 환자가 움직이지 못하도록 잡았고, 간호사는 열심히 가래를 뽑았다.

환자는 숨이 막힌 지 아까보다 더 강하게 발버둥을 쳤고, O2 세츄레이션은 처음보다 더 빠른 속도로 떨어졌다.

간호사를 데려왔던 간병인이 그만해도 될 거 같다고 소리쳤고, 공포의 가래 뽑기는 끝이 났지만 O2 세츄레이션은 처음처럼 쉽게 올라가지 않았고, 87~88%에서 멈춘 듯했다.

간호사는 환자의 가슴을 치면서 숨을 쉬라고 소리 질렀고, 환자는 힘겹게 숨을 몰아쉬며 신음소리를 냈다.

가슴을 칠 때마다 EKG(심전도) 웨이브(wave)도 따라서 요동을 쳤고, 내 마음도 요동치고 있었다.

간호사는 O2 세츄레이션이 90%가 넘는 것을 보고 병실을 나갔고, 간병인들은 환자가 숨을 제대로 쉬는지 살폈다.
나는 O2 세츄레이션이 94%까지 올라가는 것을 보고 안도의 숨을 내쉬었다.

"베개를 뺄 때 환자의 머리를 잘 받히고 빼주시고 환자를 들 때도 머리와 목을 잘 받혀서 들도록 해주세요."
나는 간병인들에게 부탁을 했지만 말없이 나를 쳐다볼 뿐이었다.
아마도 내가 대체 뭐하는 사람인지 몰라서 눈치만 살피는 것 같았다.

엄밀히 따지면 나는 병동간호사는 아니다. 전담간호사라는 직책으로 일하고 있다. 그리고 그 환자도 우리과 환자는 아니었다.
하지만 병원 의료진의 한 사람으로서 환자에게 응급상황이 터진다면 달려가 할 수 있는 한 최선을 다해야 한다고 생각한다.

 간병인들은 눈에 보여지는 환자의 상태만을 알 뿐 환자가 현재 어떤 내과적, 외과적인 문제점을 가지고 있고, 어떤 합병증을 가지고 있는지 제대로 알지 못하므로 간호사는 전문공동간병인에게만큼은 교육을 시켜주어야 한다.

 그러려면 먼저 간호사는 간호할 환자의 질병과 합병증에 대해 알아야 하고 시행할 간호행위의 방법과 skill(기술)을 갖추고 있어야 하며, 생명을 다루는 일인 만큼 어떤 간호를 시행하더라도 신중한 환자 중심 care(간호)가 이루어져야만 한다.

 처음부터 잘하는 사람은 거의 없다.
 모르는 건 죄가 아니다. 경력이 많다고 다 아는 것도 아니다.
 배웠다고 해도 직접 해보지 않으면 기억 속에서 잊혀지게 마련이다.
 경력이 오래되었는데 모른다고 부끄러워할 필요는 없다.
 모르는 걸 아는 척하면서 제대로 환자를 돌보지 않는 것이 더 부끄러운 것이다.

경력이 오래 되었다고 제대로 하는 것은 아니기 때문이다.

제4장
이런 사람 꼭 있다(?)

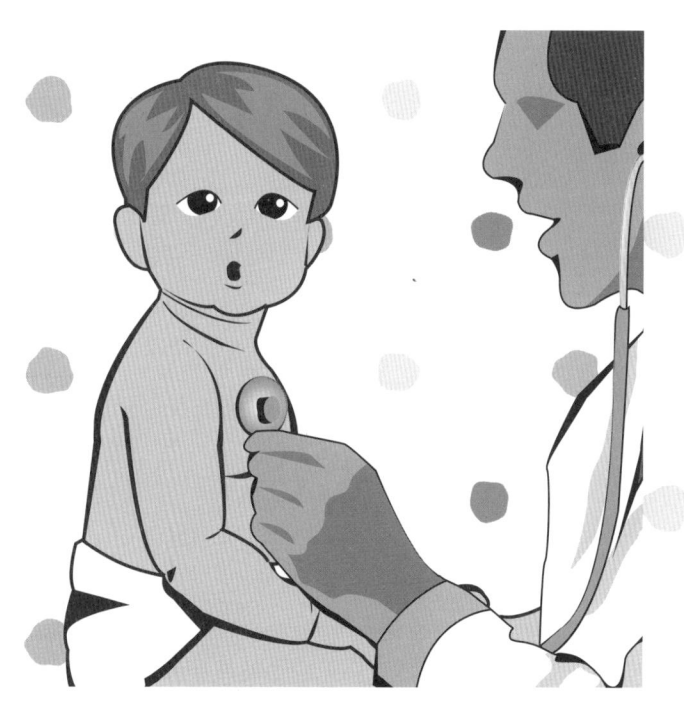

"…… 그래서 병원 갔더니 암이라고 해서 수술했대요. 증상이 똑같아서 혹시나 해서……."

"…… 이런 증상으로 계속 아프더니 중풍이 왔대요! 걱정이 되어서 왔어요!"

"…… 인터넷 검색해 봤더니 증상이 똑같은 거 같아서 왔어요!"

환자들은 확신에 찬 목소리로 자신의 증상을 나열한다.

그러나 의사는 환자가 말하는 증상을 신중하게 듣지만 그들이 원하는 답을 주지 않을 때가 많다.

요즘 병원을 찾는 환자들의 대부분은 인터넷이나 주변의 이야기를 듣고 스스로 진단을 내리고 온다.
의사의 판단으로는 증상에 따라 필요한 검사가 있고 굳이 할 필요가 없는 사람도 있다.
그런데 환자는 원하는 답을 얻지 못하면 못마땅한 표정으로 의사가 무성의하다고 말하거나 헐뜯는 말을 서슴지 않는다.
큰 병이 아니라서 다행이라고 생각하면서도 한편으론 의사를 의심한다.
'의사가 오진한 것은 아닐까? 아무래도 다른 병원 갈 걸 그랬나?'
그런 생각을 하는 사람들은 아마도 또 다른 병원을 찾아갈지도 모른다.

검사결과가 모두 정상이어서 굳이 입원할 필요 없는데 죽을 것 같은 표정을 지으며 입원시켜주기를 간절히 원하기도 한다.
검사결과가 정상이 아니라 하더라도 먹는 약만 처방할 경우가 있고 큰 병원으로 소견서를 써줄 경우도 있다.
 질병에 걸렸든 걸리지 않았든 일단 통증이 있게 되면 극단적인 생각까지 하게 되는 것이 당연하다.

 우리 몸은 참 과학적이다.
 넘어져서 살짝 피부가 벗겨져도, 이를 닦다가 잇몸에 작은 상처가 나도, 아주 조그마한 가시가 박혀 뺀 경우에도 그 상처를 통해서 눈에 보이지 않는 미세한 균이 침투하게 된다. 그렇게 되면 의도적으로 그 세균을 죽여야겠다고 생각하지 않아도 자동으로 면역 방어체계가 작동한다.

 침투한 세균을 잡아먹기 위한 혈액학적 면역반응이 일어나고 겉으로 보여지는 게 바로 염증반응이다. 염증이 생기면 상처주위가 붓고 그 부위를 압박하여 통증을 일으킨다.
 세균과 싸운 결과로 만들어지는 게 바로 pus(농)이고, 이는 염증반응 후에 나타나는 자연스런 증상이다.
 이렇듯 우리 몸은 외부의 스트레스 요인에 대해서 자동적, 반사적으로 대처하는 능력을 가지고 있다.

그리고 통증이나 이상반응들은 몸이 우리에게 보내는 신호이다.
육체적이든 정신적이든지 그 신호는 정확하다.

간호력을 조사하다 보면 질병이 생기기 전부터 몸은 우리에게
신호를 보낸다. 단지 그 신호가 빨간 신호인지 노란신호인지 잘 모
를 뿐…….
사람들은 그런 신호를 무시한 채 살아가기도 하고 노란 신호에
도 빨간 신호인 거처럼 걱정과 염려를 하기도 한다. 중요한 것은
신호에 반응하는 사람들의 생각과 행동이다.
건강하다는 말을 들으면 기뻐해야 할 것이다.
혹여 질병에 걸렸다고 하더라도 약 먹으면 꼭 건강해질 것이라
는 긍정적인 생각을 가져야 할 것이다.

"내 몸은 내가 잘 아는데……."
그렇게 잘 아는 사람이 알아서 치료하지 병원에 왜 왔는가?

"몇 십 년 동안 이렇게 아팠던 적이 한 번도 없는데……."
살아가면서 '아파 죽을 뻔했어'라고 말한 적이 몇 번인지 생각해

보라!

"저쪽 병원에선 이럴 때 이런 약 주던데……."
그럼 원하는 약 처방 주는 병원으로 가면 된다!

같은 병명을 가진 입원환자의 경우도 살펴보면 증상이 정말 판이하게 다를 때가 허다하다.
다른 어떤 사람과 증상이 비슷하거나 같다고 해서 그 사람과 똑같은 병명일 거라고 믿는 것은 어리석은 생각이다!

"너 자신을 알라!"
나를 가장 잘 아는 사람은 당연히 나다.
하지만 질병에 대해서는 의사가 더 잘 안다.
환자는 정확한 정보를 의사에게 전달하여 정확한 진단과 치료를 할 수 있도록 해야 하고, 타 병원과 비교하거나 스스로 진단내리는 어리석은 행동은 하지 말기를 바란다.

제5장
밝은 미소가 아름다운 그녀

"오늘은 기분이 안 좋아 보이네요?"
의사의 말에 그녀는 눈도 맞추지 않았다.
얼굴이 약간 상기되어 있고 눈도 촉촉해 보인다.
눈물이었을까?

그녀는 정신지체장애자이고 간질 환자이기도 하다.
내가 그녀를 처음 봤을 때 의사를 보며 환하게 밝은 미소를 지었었다.

발음이 정확하지 않고 잘 알아들을 수 없지만 큰소리로 인사를 하고, 묻는 말에 대답도 했었다.

어제도 표정이 어둡긴 했지만 눈도 맞추고 말을 하지 않아도 고개는 끄덕였었다.

"집에 가고 싶대요!"

간병인이 옆에서 그녀의 생각을 거들었다.

그녀는 발작이 심해서 입으로 먹다가 잘못해서 기도로 넘어가는 응급상황이 벌어질까봐 위장관을 삽입하고 있다.

그리고 발작을 할 때 몸속의 산소수치가 떨어져 인공적인 산소 공급도 하고 있다.

회진을 마치고 오면서 의사는 그녀의 감정기복이 심하다고 했다.

나는 또 한 명의 환자 얼굴을 떠올렸다.

그녀는 중환자실에 있다가 며칠 전에 병실로 옮겨진 환자이다.

그녀가 중환자실에서 나왔던 그 다음날 아침 회진할 때 환하게 밝은 미소를 지으며 살 것 같다고 말했던 것을 기억한다.

그런데 그녀의 어지럼증이 다시 심해지면서 얼굴표정이 어두워졌다.

뇌경색으로 왼쪽 편마비가 있지만 밥을 잘 드셔서 위장관 삽입은 하지 않고 있는 환자이다.

어지러워서 제대로 앉지도 못하고 갑자기 혈압도 올라가서 산소와 EKG(심전도기기) 모니터링(monitoring)을 하고 있었다.

간병인은 지나치게 큰 소리로 환자에 대해서 불평을 늘어놓았다.

그녀는 슬픈 표정을 짓고 있었다.

나는 의사 회진 때 따라다니면서 환자들의 전신 상태와 간호적으로 필요한 것에 대해 생각한다.

환자들 중에 뇌경색환자들은 경색의 정도에 따라서 약하게 또는 완전 편마비가 있는 분들이 있고, 스스로 몸을 움직이지 못하는 분들이 있다.

일단 마비 그 자체만으로도 환자는 정신적으로 큰 충격에 휩싸

인다. 특히 사회적으로 활동을 왕성하게 하시던 남자 환자의 경우에는 정신적으로도 충격이지만 일단 가족을 부양해야 할 의무를 다하지 못하는 것에 대해 좌절하게 된다.

신경과적인 문제도 심각하지만 그들에겐 정신적인 지지가 무엇보다 필요하다.

나는 그분들의 얼굴을 떠올리면서 퇴원해서 통원 치료받는 뇌졸중 환자들의 얼굴도 떠올렸다.

정상적인 사람도 상황에 따라서 감정의 기복이 있다.

하물며 환자들의 감정기복은 중증도에 따라 더 심해질 수밖에 없다. 특히 뇌졸중으로 마비가 오는 사람의 경우 감정조절을 담당하는 중추신경 손상이 있는 경우가 있는데, 보호자들의 호소 중 하나가 바로 감정의 기복이다.

"…… 평생 함께 살았지만 저러는 거 첨봐요."

"…… 저 양반이 저런 사람이 아닌데. 왜 저러나 모르겠어요."

그런 환자들일수록 가족의 정신적인 지지가 꼭 필요하다.

돌보는 보호자가 가족일 경우에 환자들의 회복 정도는 연구해보지 않아서 모르겠지만 환자들의 얼굴표정은 확실히 밝고 편안해 보이며, 감정의 기복도 적은 것을 느낄 수 있다.

가족이 없거나 부득이하게 간병인이 돌보는 환자의 경우가 점차적으로 많아지고 있는 현실을 생각할 때 정신적인 지지에 대한 교육은 간병인이나 간호사들에게 꼭 필요하다.

더불어 그런 환자를 돌보는 가족, 간병인, 간호사들의 심리적인 부담에 대한 지지도 필요할 것이다.
왜냐하면 가끔 이런 말을 하는 사람들이 있기 때문이다.
"내가 그 양반 돌보느라고 병이 났잖아요! 나두 환자에요. 한 군데도 아프지 않은 데가 없다니까……. 골병들었어요. 가족이니깐 어쩔 수 없이 하는 거지……."
"돈이 필요하니깐 하는 거지……. 할 짓이 아니에요……. 돌보다가 내가 병이 생겼다니까……."

환자들의 슬픈 미소는 내 마음을 아프게 한다.
보호자들의 슬픈 미소는 내 마음을 더 아프게 한다.

제5장 밝은 미소가 아름다운 그녀

밝은 미소가 아름다운 그녀들…….
 그들의 밝은 미소가 사라지지 않도록 무엇을, 어떻게 해주어야 할까에 대해 고민해 본다.

제6장
자꾸 걸려 넘어지는 사람들……

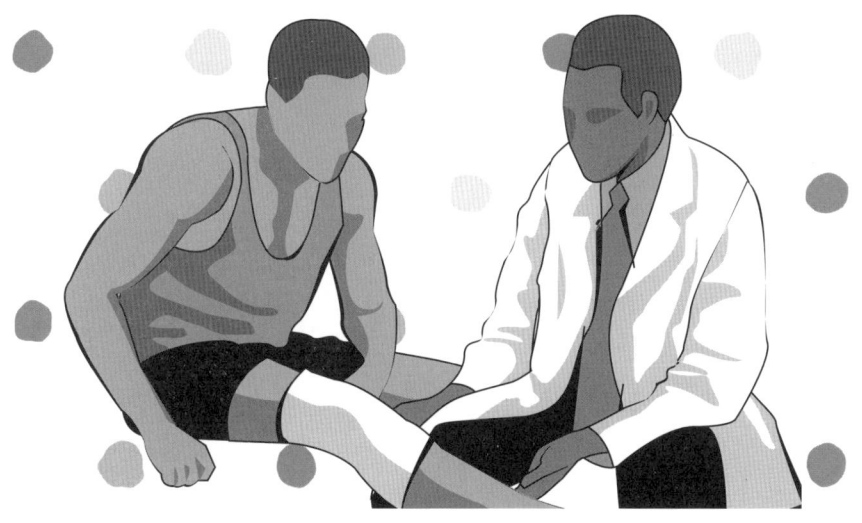

'저기 있다…….'

자전거 바퀴는 깨져서 울퉁불퉁해진 도로를 잘 피하면서 충격 없이 제대로 달렸다.

아침저녁으로 출퇴근하는 자전거 전용도로의 여기저기엔 갈라지고 깨져서 울퉁불퉁한 곳이 여러 군데 있다.

어디쯤 어떤 장애물이 있는지, 어디쯤에서 주의해야 좋을지. 그리고 그런 곳은 어느 부위로 바퀴가 지나가야 충격 없이 지나갈 수 있는지 머릿속에 메모리가 되어 있다.

인생도 어쩌면 자전거 전용도로와 같다는 생각이 든다.
차이점이 있다면 인생길은 한 번 지나가면 다시 되돌아 갈 수 없다는 것이다.
한 번뿐인 인생이기에 가치 있고 소중하다. 그래서 우리는 잘 살아야 한다.
잘산다는 것은 돈을 많이 버는 것과는 다르다. 바로 웰빙(well-being)이다.
개개인의 처한 상황 속에서 할 수 있는 한 잘 사는 것, 그것이 바로 웰빙이다.

다리나 팔이 하나 없는 불구자든, 뇌졸중으로 편마비가 온 사람이든, 암에 걸린 사람이든 처한 상황이 각각 다르지만 웰빙의 의미는 같다.
어떤 질병을 가지고 있는지가 중요한 게 아니고 그런 상황 속에서도 최대한 즐겁게 최선을 다해 살아가는 것이 바로 웰빙이라고 환자나 보호자들에게 나는 항상 말한다.

우리는 살면서 건강에 나쁜 줄 알면서, 그렇게 하면 안 된다는 걸 알면서 할 경우가 있다.

장애물이 있어서 그곳으로 가면 걸려 넘어질 줄 알면서 그리고 그 충격이 너무 커서 몸에 좋지 않은 것을 알면서 빨리 가려고, 때로는 귀찮아서, 또 때로는 주의를 기울이지 않고 가다가 넘어져 다치기도 하고 충격 받은 신체의 여러 부위가 아프기도 한다.

한 번 그런 일이 생기면 다시는 걸려 넘어지거나 몸이 다치지 않도록 신경 써서 자전거를 탄다.

아마 다른 사람들도 나처럼 조심하면서 운전할 것이다.

하물며 인생길은 한 번 뿐이기 때문에 더욱 조심스럽게 살아가야 한다.

그런데 어떤 사람들은 알면서 자꾸만 걸려 넘어진다.

"먹다죽은 귀신 때깔도 좋다는데."

"살날이 얼마나 남았다고……."

"이 정도는 먹어도 괜찮겠지……."

음식조절이 필요한 당뇨환자, 알코올리즘환자, 신부전환자, 간부전환자, 심부전환자 등등 질병을 앓고 있는 환자들이 제멋대로 먹고 마시면서 의사의 지시를 무시한다.

결국 입원과 퇴원을 반복하다가 때깔이 정말 안 좋아지면서 몸이 망가지고, 결국 고통스럽게 사망의 골짜기를 향해 질주한다.
너무나 안타까워서 주의를 주고 겁을 주어도 자꾸만 장애물을 향해 달려간다.
조금만 주의를 기울이고 조심하면 웰빙 할 수 있는데도 불구하고 일부러 장애물을 향해 돌진해 가는 사람들도 있다.
자신을 소중하게 여기고 사랑하지 않는 그런 사람들에게는 나라의 의료혜택조차도 아깝다.

살고 싶은데 죽어야 할 운명을 타고난 사람들이나 열심히 최선을 다해서 살아왔는데 갑작스런 사고로 불구가 되었거나 정상인의 삶을 살 수 없게 된 사람들이 있다.
내가 전지전능한 신의 능력을 부여받았다면 삶을 함부로 사는 사람들의 여생을 마땅히 잘 살아야 좋을 슬픈 운명의 사람들에게 나눠주고 싶다.

자신의 삶을 함부로 사는 사람들이 얼마나 많으면 텔레비전 방송 CF로 만들어져서 히트를 친 구절도 있을까!

"나는 소중하니까요……."

그렇다! 당신은 정말 소중한 존재이고 당신의 삶을 아름답게 가꾸어 나가야 한다.

한 번은 몰라서 걸려 넘어졌다고 치자!

다시는 똑같은 장애물에 걸려 넘어지지 않도록 조심해야 할 것이다!

어쩌면 그 장애물이 당신 삶의 마지막 장애물일지도 모른다.

제7장
천사의 자존심

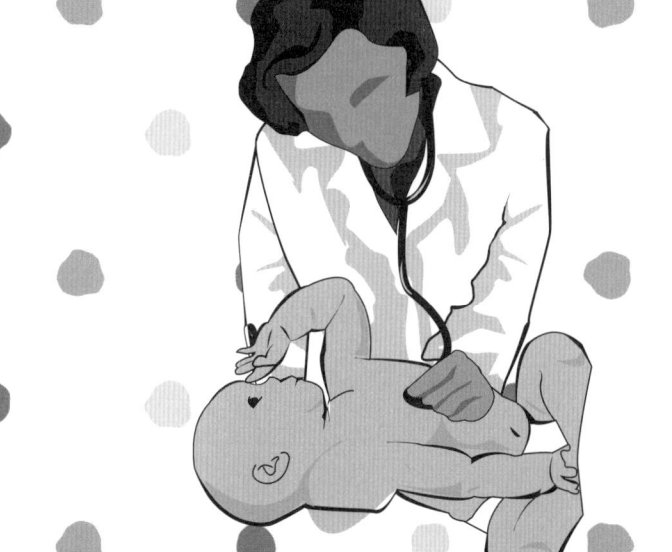

"…… 그 환자 있잖아요? sore(욕창)가 생겼대요……."
계단을 내려가면서 닥터가 나를 쳐다보며 말했다.
"……."
나는 병동환자의 욕창은 치료하지만 중환자실에 있는 환자는 치료를 하지 않고 있었다.
"중환자실 환자들이 sore가 너무 자주 생기는 것 같아요……."
닥터는 웃고 있었지만 나는 맘이 편치가 않았다.

왜냐하면 나도 중환자실 경력이 있고, 닥터가 그렇게 말하는 숨은 뜻을 알고 있기 때문이다.

"…… ICU(중환자실) 환자도 sore dressing(욕창치료) 챙길까요?"

"그래주시면 고맙죠. ㅎㅎㅎ"

중환자실 간호사는 병동 간호사들보다 자긍심과 자존심이 강하다.

일반병동환자들과 다르게 중환자들을 간호해야 하는 만큼 능력을 인정해 준다. 그리고 중환자실 경력이 있으면 취직할 때도 쉽고 어디를 가도 자신 있게 일할 수 있는 것 같다.

그런데 최근 중환자실에서 병동으로 나오는 환자의 욕창 발생이 빈번하고, 보호자들의 불만 호소가 이어지는 것을 지켜보면서 안타까울 때가 한두 번이 아니다.

9시가 되기를 기다렸다가 나는 ICU(중환자실)로 갔다.

2중 문을 열고 들어서자 멀리 담당간호사와 환자가 보였다.

"환자분이 욕창이 생겼다고 해서 보러왔는데요……. position

change(자세 변경) 언제 하는지 알려주시면 그때 와서 한 번 보고 싶은데요……."

나는 담당간호사의 자존심이 상하지 않도록 웃으면서 조심스럽게 말을 꺼냈다.

"아…… 저도 아직 못 봤는데……. 욕창 원래 있었다고 들었는데……. 지금 보실래요?"

"원래 있었던 거였어요? 과장님 말씀으로는 여기 와서 생겼다고……."

환자를 옆으로 눕히자 '메디폼'이 두 군데 붙어있는 게 보였다.
"한 군데라고 들었는데……. 두 군데인가 봐요?"
메디폼을 뜯으면서 나지막하게 말을 꺼냈다.
"아! 네……. 인계받기로는 그냥 빨갛다고 하던데……."
담당간호사는 day(낮반) 근무자로 인계받은 이야길 했다.

고관절부위의 상처는 장시간 눌려서 혈액순환이 안 되어 피부색이 까맣게 변해있고, 꼬리뼈부위는 피부도 벗겨지고 주변조직들이 물에 불은 것 같은 상태였고, 생각했던 것보다 심했다.

"혹시…… 치료는 담당간호사가 하는 건가요? 병동환자는 내가 해주긴 하는데……."

담당간호사를 쳐다보며 말을 했다.

"dressing 준비 해드릴까요?"

역시 ICU(중환자실) 간호사답게 눈치가 빠르다고 생각하면서 담당간호사가 드레싱(dressing) 준비를 하러 간 사이에 난 환자의 등을 마사지하기 시작했다.

환자가 땀이 많은지 시트가 젖어있고, Air-mattress(공기 매트리스)에 바람이 빠져 있었다.

"중환자실에서 병동으로 나오는 환자들에게 욕창이 생겨있는 경우가 많아서……. 과장님이 좀 걱정을 하셔서요. 뭐 알아서 잘 하시겠지만……. 자세 좀 자주 바꿔주시고……. 욕창 초기에는 dry(건조)만 잘해줘도 금방 낫거든요……. 이분은 땀이 좀 많아서 시트도 젖고 매트 air(공기)도 빠진 것 같네요……. 작동이 제대로 잘 되는 건지……."

나는 드레싱 세트(dressing set)를 건네주는 담당간호사에게 조심스럽지만 단호하게 말했다.

"아! 네······. 작동은 되고 있는데 공기압이 좀 낮게 되어 있네요······. 올렸어요!"

담당간호사는 매트리스 공기압을 올리고 베개를 환자의 등에 받쳐 엉덩이와 등 쪽으로 바람이 통하는 자세를 취하게 했다.

빠르게 대처하는 모습을 보니 역시 ICU 간호사구나 하는 생각이 들었다.

매일 치료하러 오겠다고 말한 후 ICU를 나왔다.

지난 주말쯤에 중환자실에서 나오신 타과 환자 중에 과장님께 협진을 보던 환자의 팔을 살펴보기 위해 병동에도 들렀다.

처음 그 환자를 중환자실에서 봤을 때 양쪽 팔의 부종이 심했지만 타과 환자이고 중환자실이라 크게 신경 쓰지 않았었다.

병실에 나와서도 부종은 계속 되고 있었고, 신부전환자이기 때문에 부종이 심하다고 말하기엔 그 정도가 너무 심각해서 그냥 지나칠 수가 없었다.

환자에게로 다가갔을 때 환자의 허벅지에는 수액주사 놓을 때 사용하는 고무줄이 묶여있었고 아침 회진 때 간병인들이 목욕시

키느라고 푼 탄력붕대는 다시 감아줄 거라고 했었는데, 여전히 감겨있지 않았다.

"혹시……. 주사 다 놓은 건가요?"

그 병실에서 주사약을 재고 있는 간호사에게 말을 건넸다.

"네……. 그 환자는 주사 다 놨는데, 왜요?"

그 간호사는 날 쳐다보았다.

"그럼 이거 풀께요……."

내가 고무줄을 풀려고 손을 내밀었다.

"아! 제가 할게요!"

잽싸게 고무줄을 푼 간호사는 병실 밖으로 사라졌다.

간병인들에게 탄력붕대를 왜 안 감아 주었는지 물었는데, 간병인들은 간호사들이 해줄 거라고 했다.

간호사 스테이션으로 가서 그 환자의 담당간호사에게 전자동 혈압기사용을 꼭 해야 하는 건지 물었다.

담당간호사가 머뭇거리는데 수간호사가 다가와서 간병인과 똑같은 말을 했다.

간병인들이 아침에 목욕을 시키느라 탄력붕대를 풀어놓은 거라고……. 좀 있다가 붕대 감아줄 거라고…….

내가 말하려고 했던 건 탄력붕대가 아니고 코끼리다리처럼 부풀어 오른 환자의 팔에 감겨져 있는 전동혈압커프에 대한 것이었고, ICU 회진시마다 전동혈압커프는 늘 환자의 팔을 조였다 풀었다를 반복하고 있어서 마음에 걸렸었다.

전동혈압기는 환자의 상태를 고려하지 않고 설정해놓은 값까지 압력을 가한 뒤에 환자의 혈압과 상관없이 일정한 비율로 바람이 빠지면서 혈압을 체크하는 거라 솔직히 나도 전동혈압기에 혈압을 잴 때마다 느끼는 거지만 상당한 압력 때문에 손과 팔의 혈관이 터져나갈 것 같고, 결국 심한 저린 감을 경험한 적이 한두 번이 아니었다.

그 환자의 팔이 입원 당시에 어느 정도였는지는 알 수 없지만 ICU 있을 때 회진 때마다 점점 커져가는 팔을 보면서 커프를 사용 안했으면 좋겠다고 늘 생각했었다.
그래서 난 되도록 그 환자는 수은혈압기로 꼭 필요할 때 혈압체크를 해주십사 부탁을 했다.

"제가 생각하기엔 그거 때문에 팔이 부은 거 같진 않은데요?"

수간호사는 뒷짐을 진 채 단정적으로 말을 했다.

"신부전환자라서 붓는 건 알지만 중환자실에 있을 때보다 더 부어 있어서……. 제 생각에는 혈압을 전자동으로 재서 더 심한 건 아닐까 싶어서……. 한 번 풀어놓고 지켜봤으면 좋겠어서 말씀드리는 거예요……."

솔직히 타과 환자라 내가 그렇게까지 신경 쓰는 것에 대해서 간호사들의 그런 반응은 한편으론 당연한 것인지도 모른다.

"그럼 선생님이 직접 풀어주세요!"

수간호사는 웃으면서 알아서 하라는 투로 말했지만 돌아서면서 왠지 기분이 언짢았다.

병실로 들어서자 간병인들이 그 환자의 체위 변경을 해 놓았고 엉덩이에 거즈가 붙어있었다.

"이 환자 욕창이 심한가요?"

간병인들이 다가왔다.

"네. 중환자실에서 나올 때부터 그랬어요. 여기서 생긴 게 아니고……."

난 환자의 팔에서 혈압커프를 벗겨내고 양쪽팔과 손 밑에 베개를 받혀주었다.

"여사님들, 이 환자분은 다른 환자보다 좀 더 신경 써서 자세 변경 잘 해주시고, 양쪽 팔이 되도록 심장보다 높은 위치에 있게 해주세요. 부종이 조금이라도 가라앉도록 하는데 도움이 될 거예요."

간병인들에게 부탁하고 병실을 나왔다.

우리는 흔히 간호사를 '백의의 천사'라고 칭한다.

그렇게 표현하는 이유는 간호사에 대한 감사의 의미도 있지만 천사처럼 잘해달라는 절대적인 의지의 표현이라고 생각한다.

만화영화 속의 천사는 능력을 발휘하는 존재이다.

슈퍼맨이나 원더우먼이 날아다닐 때 펄럭이는 망토는 천사의 날개이고, 그들의 능력도 어쩌면 천사의 능력을 모방한 작품이라고 생각한다.

어쩌면 환자들은 간호사가 천사처럼 자신들의 손발이 되어주고 자신들의 고통을 덜어주기를 간절히 바라는 마음에서 백의의 천사라고 표현하는 것은 아닐까?

초능력을 가진 진짜 천사가 될 수는 없지만 입원기간동안 간호 부족으로 생겨나는 합병증에 대해서는 ICU에서 생겼든 병동에서 생겼든 간호사로서 함께 책임의식을 가지고 함께 고민하고, 함께 간호하고, 함께 풀어가야 할 과제이다.

그렇게 하는 것이야말로 천사로서의 진정한 자존심이 아닐까?

제8장
긍정의 힘

"할머니, 우세요?"

치매검사를 하던 간호사가 갑자기 일어나서 휠체어에 앉아있던 어르신의 얼굴을 들여다보며 소리쳤다.

검사는 더 이상 진행되지 못했다.

노인인구가 늘면서 치매검사를 받으러 오는 독거노인들이 늘고 있다.

그 어르신의 경우에도 뇌졸중을 앓은 뒤로 거동을 제대로 못하여 요양보호사의 도움을 받아 휠체어로 치매검사를 받으러 오신 분이다.

치매검사의 마지막단계인 환자의 우울증 정도를 체크하는 첫 번째 질문에서 할머니는 자신의 처지를 말하면서 눈물을 흘리셨다.

자신을 '병신'이라고 표현하며 우는 것을 보면서 중증우울증을 앓고 있다는 것을 한눈에 알 수 있었다.

바로 옆 진료실에는 또 다른 어르신이 똑같은 검사를 받기 위해 보호자인 딸 그리고 요양보호사와 함께 대기하고 있었다.

나는 검사담당 간호사를 따라 들어가 어르신이 검사하는데 방해가 되지 않도록 뒷편에 조용히 앉았다.

앞서 검사한 어르신은 검사받는 내내 나지막한 목소리로 제대로 대답도 잘 못했는데, 두 번째 어르신은 밝고 분명한 목소리로 진지하면서도 적극적으로 검사를 잘 받으셨다.

두 분 다 연세가 많고 앞서 검사한 어르신은 뇌졸중을 앓아서 거동이 불편하셨고, 두 번째 검사받은 어르신은 허리수술 받고 3년 뒤에 또 고관절골절로 수술을 받은 뒤로 거동이 불편해지셨다고 했다.

두 번째 검사를 받은 어르신은 마지막단계인 우울증진단 질문에서 상당히 긍정적인 말씀을 하셨다.

자신은 전혀 우울하지 않고 자신의 현재 상태에 대해서도 좋아질 수 있다는 희망의 말을 했다.

약간의 치매 초기증상 때문에 약을 처방받긴 했지만 아마도 건강하게 오래 사실 것 같다는 생각이 들었다.

다시 비교해 보자면,

첫째 보호자들의 사랑 없이 홀로 외롭게 살아가는 노인의 경우 심각한 우울증을 앓게 되고 치매가 빠르고 심각하게 진행되어지는 것 같다.

반대로 함께 살지는 않더라도 보호자의 관심과 애정을 받는 독거노인의 경우엔 치매의 진행과 심각성의 정도가 약한 것 같다.

둘째로 질병을 앓는 노인환자의 경우가 사고로 인해 어쩔 수 없이 도움을 받아야 하는 노인보다 우울증과 치매의 정도가 심각한 것 같다.

셋째는 두 노인의 경우 모두 미래에 대한 불안감으로 심각한 불면증에 시달리고 있고, 이로 인해 치매가 더욱 심각해 질 수 있다는 것이다. 그러나 아마도 긍정의 힘을 가진 어르신은 보호자들의 사랑과 애정 어린 보살핌이 계속되는 한 웃으며 건강하게 사실 것이다.

요즘은 어딜 가나 노인 분들이 자주 눈에 띈다.
나도 언젠간 노인이 될 것이다.
모두들 결국은 노인이 된다.
첫 번째로 검사받은 노인처럼 부정적이고 슬픈 삶을 살 수도 있고, 두 번째로 검사받은 노인처럼 긍정적이고 행복한 여생을 살 수도 있다.
물론 두 경우 모두에서처럼 미래에 대한 불안감은 있겠지만…….
중요한 건 내 자신이 어떻게 삶을 살아가려고 노력하느냐이다.
이왕이면 '긍정의 힘'을 가지고 행복하게 살다가 생을 마감하고 싶다.
첫 번째 검사하신 어르신이 다시는 울지 않기를…….
부디 긍정의 힘을 주시기를 기도해 본다.

제9장
뻔한 거짓말

엘리베이터에서 내리자 내가 만나려고 했던 그 환자가 서있었다.

"안녕하세요! 어르신 뵈려고 올라왔는데 제가 올 줄 알고 계셨나봐요?"

나는 웃으며 일부러 유머를 섞어 말을 건넸다.

그 환자는 뇌경색환자로 당뇨병을 20년 넘게 앓고 계신 분인데, 식후 혈당조절이 안 되는 것 같아 당뇨 교육을 해드리기 위해서 올라온 것이다.

"환자분께서는 혈당조절이 제대로 안되는데 혹시 병원에서 나오는 식사 이외에 다른 걸 드시는 게 있나요?"

나는 조심스럽게 물었다.

"병원에서 나오는 거 이외에는…… 글쎄……. 별로 먹는 게 없는데……."

그 환자는 전혀 아니라는 표정을 지으며 고개를 저었다.

"정확하게 말씀을 안 해주시면 정확한 치료가 되질 못하는데……. 아무것도 안 드셨는데 혈당이 300 가까이 나오는 건 좀 이해가 안 되네요……. 혈당조절이 안되면 뇌졸중이 재발할 가능성도 커지는데……."

조금 겁을 줘야겠다고 난 생각했다.

"아! 그러고 보니…… 어제는 속이 출출해서 바나나 2개를 한꺼번에 먹었고……. 오늘은…… 아까 콩두유 하나 먹었네……."

금방 떠오른 거처럼 말하지만 '뻔한 거짓말'이다.

"당뇨는 가장 중요한 게 식이요법과 운동요법인 거 아시잖아요……."

"…… 내가 잘 몰라서……."

또 뻔한 거짓말이다. 왜냐하면 학력도 대학 중퇴시고, 20년이 넘게 당뇨 약을 복용해 왔기 때문이다.

"다음부턴 식사 이외에는 되도록 다른 음식물 섭취는 자제하셔야 합니다."

"먹으면 안 된다고 생각은 하는데……. 그게 잘 안되고……. 나도 모르게 자꾸 먹게 되고……. 간호사들이 먹지 말라고는 했는데도……. 자꾸 잊어버리고 먹게 되네."

모두 뻔한 거짓말이다.

오랜 시간 지병을 앓고 있는 환자들의 특징이 바로 뻔한 거짓말이다.

당뇨 교육을 한다 해도 그런 환자들에게는 잔소리쯤으로 들릴 게 분명했지만, 그래도 난 항상 똑같은 말을 반복한다.

그것이 내가 해야 할 일이기 때문에…….

"담배 피우시면 약 먹는 게 다 소용없게 되는데……. 약 먹는 거보다 담배를 끊는 게 더 좋은 약이 될 수 있어요."

뇌경색환자나 뇌혈관 동맥경화로 인한 증상으로 외래를 찾는 환자들에게 의사가 늘 하는 말이다.

"안 피우려고 해도…… 그게 잘 안되고 나도 모르게 자꾸 피우게 되니까……."
마찬가지 뻔한 거짓말이다.
뇌경색 초기에 입원해서 빠른 회복을 보이는 환자의 경우 몸이 좋아지면서 또다시 나쁜 생활습관에 빠지는 경우가 많다.

사실 의료인들도 가끔 환자나 보호자들에게 거짓말을 하기도 한다.
하지만 그것은 '하얀 거짓말'이다.
"당신 암입니다."
이렇게 말하면 대부분의 사람들은 좌절한다.
또 어떤 사람들은 극단적인 생의 마감을 생각하기도 하고, 실제로 자살을 시도하기도 한다.
그래서 의료진들은 보호자들과 의논하여 환자에게 비밀로 하고 치료를 진행시킨다.

개인적인 사정으로 닥터가 진료를 볼 수 없는 상황일 때 외래에서도 가끔 보호자나 환자에게 거짓말을 하게 된다.
"과장님이 오전에 응급수술이 잡히는 바람에 오후나 되어야 진료를 보실 수 있을 것 같은데 어떡하죠?"

병동에서도 마찬가지다.
"외래에 연락했는데 아직 연락이 안 와서 그러니깐 조금만 기다려주세요. 곧 주사 놔드릴게요!"
환자나 보호자가 진통제를 놔달라고 했는데 간호사는 일하다가 깜빡 잊어버리게 되고, 그런 자신의 실수를 감추려고 뻔한 거짓말을 한다.

검사실에서도 마찬가지다.
"이제 막 검사 들어갔어요……."
응급으로 검사를 해달라고 말했는데 깜빡한 경우의 뻔한 거짓말이다.

병원뿐 아니고 일반 사회조직 안에서도 그런 뻔한 거짓말들은 있을 것이다.

대부분 그 뻔한 거짓말을 알면서도 모르는 척 그냥 넘어간다.

하지만 뻔한 거짓말을 받아주면 안 되는 경우가 있다.

그 뻔한 거짓말로 인해 환자의 건강상태가 악화될 수 있을 때…….

뻔한 거짓말로 인해 선의의 피해자가 생겨날 때…….

뻔한 거짓말이 습관이 되고 업무진행에 지장을 줄 때…….

거짓말을 한다는 것은 자신이 잘못했다는 것을 알기 때문에 저지르는 것이다.

잘못한 게 없다면 거짓말 할 필요가 없기 때문이다.

찔리니깐 뻔히 들여다보이는 거짓말을 하는 것이다.

그 뻔한 거짓말을 어디까지 허용해야 하고, 어떤 경우에 허용해선 안 될지를 결정내리는 것은 전부 우리의 몫이다.

솔직히 그냥 모르는 척 넘어가 버리고 싶을 때가 많다.

너무 피곤하고 지치고 짜증나서 해도해도 끝이 없는 일이기에…….

난 오늘도 뻔한 거짓말을 미소로 받아주며 그들에게 필요한 교육을 하기 위해 돌아다녔다.

앵무새처럼 같은 말을 수십 번 반복하면서.

언젠간 환자들이 뻔한 거짓말을 하지 않아도 될 그날을 위해……

제10장
'무대뽀' 사랑

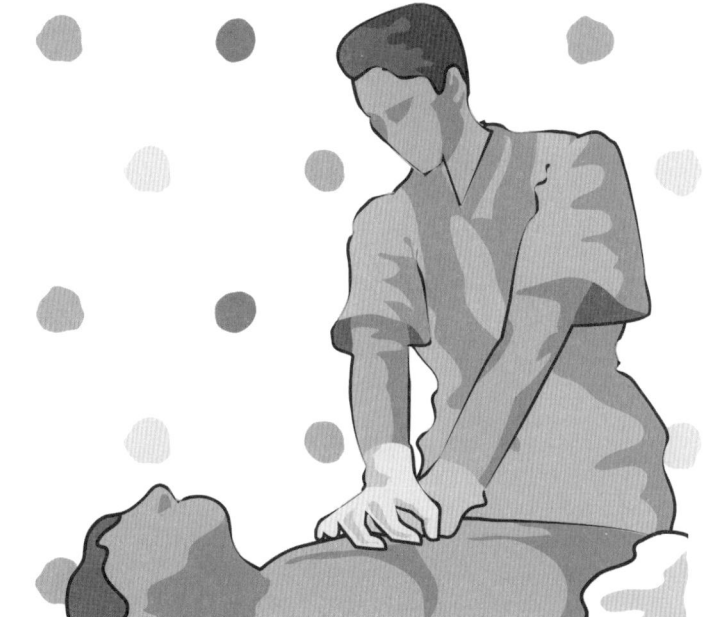

컴퓨터의 시계가 벌써 오전 7시 34분을 알리고 있었다.
난 병동에 올라가기 위해 서둘러 자리에서 일어났다.
"어, 안녕하세요, 과장님?"
복도로 걸어오시는 과장님을 봄과 동시에 인사를 하면서 손목시계를 보았다.
오전 7시 35분이었다.

과장님은 출근이 빠른 의사에 속하는데 가끔 생각보다 더 빨리 출근할 때가 있다.

환자가 많아 졌다거나 상태가 안 좋은 환자가 있을 때이다.

"환자가 많아져서 오늘은 좀 일찍 오셨나봐요?"

난 서둘러야겠다고 생각했다.

"어젯밤에 잠을 제대로 못 잤어요……."

진료실로 들어가며 의사는 이야기를 이어갔다.

이야기 내용은 대략 이러하다.

어제 오전에 난 주사실 간호사가 연차휴무여서 주사실 근무를 대신했다.

그러면서도 전담간호사로서 해야 할 일들을 수행하느라 오전 내내 진료실로, 병동으로, 주사실로 왔다 갔다 해야만 했다.

그날 뇌척수액검사가 있었는데 뇌수막염 의증으로 입원한 고등학생이었다.

전담업무를 할 수 없어 병동간호사에게 전화로 뇌척수액검사시 필요한 준비물품에 대해 설명해야만 했다.

원래는 병동에서 세트를 준비해 놓으면 내가 의사 곁에서 검사 끝날 때까지 어시스트(assist)를 해야 하는데 주사실 근무 때문에 정작 내 할 일을 다 하지 못해 맘이 불편했다.

오후가 되어 다시 전담업무로 돌아온 난 오전에 시행하려다 못한 치매검사를 하기 위해 직원 점심시간이 끝나는 즉시 병동에 전화해서 검사받을 환자를 내렸다.

환자의 협조가 잘 안되어 검사시간은 1시간 넘게 진행되었고, 검사가 끝난 뒤에도 점수를 계산하느라 분주한 상황이었다. 왜냐하면 치매검사 후에 이어서 그 환자의 EEG(뇌파)검사를 해야 하는데 치매검사가 너무 길어졌기 때문이다.

그때 외래조무사가 나에게 EEG 환자 내려오니까 빨리 EEG 준비를 하라고 쪽지를 주었다.

그런데 쪽지에는 치매검사를 받은 환자가 아닌 오전에 뇌척수액검사를 받은 환자의 이름이 적혀 있었다.

오전에 뇌척수액검사 때문에 병동간호사와 이야기했던 환자여서 조무사에게 다시 한 번 물었는데, 맞다면서 뇌척수액검사가 아니고 EEG검사를 받으러 내려오라고 의사가 말했다는 것이다.

EEG실은 지하 1층에 있었는데 내가 뛰어서 내려가도 엘리베이터를 타고 환자가 먼저 도착할 것 같아 오더를 확인하지 못하고 뛰어 내려갔다.

EEG기계를 켜고 준비를 서두르는데 환자가 내려왔다. 1시간 정도 검사시간이 걸리니 보호자는 병실로 올라가 있도록 설명한 후 환자의 머리에 electrode(전극)를 붙여 나갔다.

그런데 의사가 들어와서 잠시 나를 밖으로 나오도록 했고, 그때서야 그 환자가 오후 2시경에 뇌척수액검사를 받았다는 것과 EEG검사를 할 환자는 내 생각대로 치매검사를 받았던 환자라는 것을 알았다.

난 급히 환자에게 병동으로 돌아가 절대 안정하도록 설명한 후 병동에 전화해서 절대 안정시키도록 지시했다.

EEG검사를 받을 환자가 오고 의사가 이어 들어왔다.

electrode를 붙이면서 병동간호사들이 오더도 확인하지 않고 환자를 내린 것에 대해 의사가 한마디 했다.

나도 그 점이 이해가 가지 않았지만 최종확인을 하지 않은 나의 잘못도 있었기에 의사에게 내가 전담으로서 역할을 제대로 못해서 죄송하다고 말씀드렸다.

의사는 조무사에게도 분명히 tap(spinal tapping : 뇌척수액 검사의 준말)하고 오겠다고 말하고 병동에 올라갔었는데, 어떻게 그 환자를 EEG검사 받으러 오라고 병동에 전화했는지 의아해 했다.

조무사들은 의학적인 지식보다는 간호학원에서 간호학을 전공한 강사에게 교육을 받기 때문에 의학지식이 거의 없고, 법적으로도 의료인이 아니라는 사실을 의사는 잘 알지 못한다.

spinal tapping(요추천자)은 뇌수막염을 확진하는 진단검사로 검사 후에 최소 6시간 이상은 베개도 없이 절대 안정을 해야 한다.

그 이유는 우리의 몸에는 일정량의 뇌척수액이 존재해야 하는데 검사를 하면서 척수액을 뽑아내게 되면 뇌혈압의 감소가 일어날 수 있고, 어지럼증과 함께 두통을 호소하는 경우가 있고, 뇌척수액을 뽑아낸 후 하지감각 이상을 경험하는 환자들도 있기 때문에 뇌척수액의 정상화와 환자의 안녕상태를 유지하는 차원에서 절대 안정을 시킨다.

하지만 조무사들은 대부분 그런 지식을 모르기 때문에 실수할 수 있어서 전담간호사인 내가 최종적인 확인을 했어야 했다.

의사가 EEG검사 준비하는 것을 도와주는데 병동간호사에게서 전화가 왔다.
뇌수막염환자의 엄마가 화를 내고 있다는 것이다.
난 급히 병실로 올라가 환자의 엄마를 만나 사과를 드렸다.
보호자는 어떻게 그런 일이 있을 수 있냐고 따지면서 침대에 절대 안정이라는 표를 붙여놓고 움직여도 된다고 말한 병동간호사에 대해서 불만을 털어 놓았다.
난 전담간호사로서 최종확인을 하지 않은 것에 대해 진심으로 머리를 조아려 사과드리면서 모든 것이 내 책임이라고 말씀드렸지만, 보호자는 계속 누가 처음에 착오를 일으켰는지를 따졌다.
다른 사람들이 잘못했어도 최종적으로 확인을 못한 내 잘못이 제일 크다고 말하면서 난 거듭 반복해서 사과를 드렸다.
나는 의사에게 상황을 보고했고, 의사는 모든 검사는 나에게 직접 지시하겠다고 했다.
그리고 저녁 퇴근 전에 난 병동에 올라가 그 환자의 혈압과 맥박을 체크하고 합병증이 없는 것을 확인한 후 퇴근했었다.

그런데 밤에 환자의 아빠가 술을 먹고 와서 1시간 넘게 근무하고 있는 간호사를 협박하고 행패를 부렸고, 견디다 못한 병동간호사가 밤 11시가 다 된 시각에 의사에게 전화를 해서 보호자를 바꿔 주었다고 한다. 그리고 통화하는 내내 보호자가 반말과 함께 계속 누가 잘못해서 그렇게 되었는지 따졌다는 것이다.

그 전화를 끊고 나서 의사는 잠을 제대로 자지 못했고, 아침 일찍 피곤한 얼굴로 출근을 했던 것이다.

이야기를 다 듣고 난 병동으로 올라갔다.

아침 인계시간이어서 간호사들이 모여 있었고, 병동 수간호사가 나를 불렀다.

난 의사에게 이미 이야기를 들었다고 했다.

수간호사는 보호자의 행패가 얼마나 심했는지에 대해 자세히 설명했고, 조무사에게 여러 번 확인했다면서 병동간호사들은 잘못이 없다고 딱 잘라 말했다.

검사 전에 최종적인 확인을 하지 않은 내 잘못이 제일 크겠지만 조무사의 말만 믿고 오더도 없는 환자를 스트레처카에 눕혀서 내린 것도 아닌 걸어서 내려 보낸 병동간호사도 분명히 잘못을 한 것이다.

쓸쓸한 심정으로 병실로 들어섰을 때 침대 옆에 환자의 엄마가 막 일어난 얼굴로 앉아 있었고, 난 먼저 환자에게 상태를 물어본 후 보호자에게 단호한 어조로 말했다.

"제가 어제 보호자분께 사과를 드렸던 이유는 최종적인 확인을 하지 않아 안정해야 할 환자를 내려오도록 한 것 때문이었습니다. 환자들이 뇌척수액검사 후에 안정을 취하라고 하는 것은 일정하게 존재해야 할 뇌척수액을 뽑아냄으로써 생길 수 있는 부작용을 최소화하고 빨리 회복되도록 하기 위한 것이지 움직이면 생명이 위험해지기 때문이 아닙니다. 부작용이라고 해봐야 심한 두통인데 환자분은 두통도 오히려 입원할 때보다 많이 없어졌고, 혈압도 제가 직접 체크했을 때 정상이었고, 부작용이 없다는 것을 확인한 후에 퇴근했었습니다. 아침 회진은 제가 따라오지만 저녁 회진은 제가 따라오지 않습니다. 그런데 퇴근 전에 제가 올라왔던 것은 환자분께 죄송한 마음에 저녁때 한 번 더 올라 왔던 것이고, 간호사들이 재면 되는데도 불구하고 혈압까지 재드리고 환자상태가 괜찮은 것을 확인한 후 퇴근했습니다. 그런데 오늘 아침 일찍 출근해 보니 어젯밤에 보호자분이 술을 먹고 와서 밤 근무 간호사에게 협박하면서 함부로 말하고 과장님과 통화하면서도 그런 식으로 말해서 다른 환자들도 돌보셔야 할 과장님이 잠을 한 숨도 못자고 나오셨다고 하시더군요."

병실에 깨어있던 환자와 보호자들은 나의 나지막하면서도 단호한 목소리의 일장 연설이 끝나자, 일제히 나와 보호자를 쳐다보았다.

"그런데 왜 열이 안 떨어지는 거죠? 혹시 어제 그 일 때문에 그런 건 아닌가요?"

엄마는 나의 눈을 피하며 낮은 목소리로 질문을 던졌다.

"죄송하지만 환자분은 병원에 오시기 전부터 열이 있었고, 어제의 그 일과 열은 아무 상관이 없습니다. 제가 좀 전에도 설명 드렸지만 뇌척수액검사 후에 안정을 취하지 않아 생기는 부작용은 두통입니다. 어머님도 보시다시피 환자는 두통이 입원 당시보다 감소되었으니 어제 그 일 때문에 부작용이 생긴 것이 아니죠. 부작용이 생겨야 한다면 어젯밤에 극심한 두통에 시달려야 했을 것인데 그런 증상도 없구요. 질병 이름에 tis가 붙는 질병은 모두 ~염이라고 표현합니다. 환자분의 예를 들자면 이하선염을 동반한 뇌수막염입니다. 이하선염에도 염이 붙었고 뇌수막염 할 때도 염이 붙어 있는데, 모두 염증 증상을 동반하는 질병이고 염증 증상 중 하나가 바로 열입니다. 환자가 병원에 오기 전부터 고열에 시달렸다고 보호자분이 외래에 오셨을 때 말씀하셨고, 제가 환자의 vital sign(활력징후) 기록지를 살펴봤는데 계속 열이 있었던 게 아니고 밤사이에 오르락내리락 했더군요. 의사선생님께 이미 들으셔서 아시겠지만 입원했을 때부터 열이 있어서 해열제를 처방해 주셨고, 염증이 사라질 때까지 열은 일주일 이상 지속되기도 합니다. 그럼 좀 있다가 다시 뵙겠습니다."

나는 눈을 피하며 말 없는 보호자를 뒤로 하고 썰렁하게 침묵중인 병실을 휙 돌아서 나왔다.

보호자는 내가 환자에 대해 입원 전 상황은 모를 거라고 생각했겠지만 EMR(전자의무기록)에는 이전 기록까지 낱낱이 적혀 있다.

언제부터 어떤 증상이 있었고 외래에 왔을 때의 상태, 입원해서의 상태 등이 모두 기록으로 남겨져 있고, 과거에 우리 병원에 와서 어떤 진료를 받았는지도 알 수 있다.

그 환자는 입원 전부터 고열이 있었고 입원 후에는 많이 떨어진 상태였다.

술을 먹고 와서 업무를 방해하며 행패를 부리는 행동은 엄연히 불법이다.

가끔 보면 의료진의 작은 실수에 꼬투리를 잡아서 행패를 부리며 진료비를 안내려고 하거나 입원비를 깎으려 드는 뻔뻔스런 사람들이 있다. 물론 그 환자 보호자가 그런 의도로 행패를 부렸는지는 알 수 없다. 자식을 끔찍하게 사랑하는 아버지라서 그런 행동을 했다고 생각하고 싶다.

우리나라 부모들의 자식을 향한 '무대뽀' 사랑이 그런 행동을 하게 했을 거라고 믿고 싶다.

하지만 맘 한 구석이 아려오는 것은 왜일까?

자식을 향한 사랑은 흔히 아가페적인 사랑이라고 표현한다. 보상이나 대가를 바라지 않는 무조건적인 사랑이 바로 아가페적인 사랑이다.

그런 사랑을 받는 사람은 세상에서 가장 행복할 것이다.

그런 사랑을 주는 사람은 절대로 술을 먹고 행패를 부리지 않을 것이다. 왜냐하면 그런 행동을 자식에게 절대로 보여주고 싶지 않을 테니까……

'무대뽀' 사랑은 많은 사람들에게 피해를 줄 수 있고, 결국 자신에게 피해를 주게 될 것이다.

세상에서 가장 사랑하는 사람에게 피해를 줄지도 모른다.

그것을 깨달았을 때 그놈의 '무대뽀' 사랑 때문에 이미 모든 것을 잃은 후가 아니기를……

제11장
고독한 죽음

최근 응급실을 통해 입원하는 환자들 중에 친보호자가 없는 경우가 많아지고 있다.

결혼을 하지 않아 혼자인 환자보다 이혼, 별거, 사별 등으로 인해 혼자되었거나 가족이 있어도 돌보지 않는 사람들이 대부분이다.

응급실 노트를 보면 환자를 발견했을 당시 이미 상태가 안 좋아 있는 경우가 많은데, 혼자 살다보니 빨리 병원으로 데려오지 못하기 때문이다.

얼마 전 일본 유명 여배우의 고독한 죽음에 대해 방송과 인터넷을 통해 흥미롭게 본 적이 있다. 1인 1가구가 많은 일본에서 최근 고독한 죽음을 맞는 사람들이 늘고 있다는 내용이었다.

우리나라도 이미 고령화 사회가 되어가고 있고, 입원환자 정보를 보면 1인 1가구인 사람들이 상당히 많다. 다시 말해 그 사람들도 언젠가는 고독한 죽음을 맞이할 가능성이 있다는 것이다.

지난주에 중환자실에 입원한 환자의 경우에도 보호자들과 함께 살지 않고 혼자 살다가 아들이 발견했을 때 이미 몸도 제대로 가누지 못하고 정신이 혼미한 상태로 응급실로 실려 왔고, 중환자실로 입원했지만 상태가 악화되어 현재는 인공호흡기까지 달고 있다.

그 환자에게 더 이상 가족은 의미가 없는 것 같다.

상태가 더 나빠지지 않고 좋아진다고 해도 다른 사람의 도움 없이 혼자 살아가기는 힘들지도 모른다. 왜냐하면 뇌세포가 사망하게 되면 정상 뇌세포처럼 기능을 하지 못하고 되살아나지 못하기 때문에 영구적인 신체적, 정신적인 결함을 안고 평생 동안 살아가야 한다.

　지역단체나 국가 차원에서 돌봐주는 도우미나 사회복지사 또는 요양사들이 독거노인들을 모시고 병원에 오는 경우가 많아지고 있는데, 대부분 여자환자들이 많고 남자환자들은 소수이다. 그 말은 곧 혼자 사는 남자가 적어서 그럴 수도 있겠지만 어쩌면 고독한 죽음에 남자가 더 많이 노출되어 있다는 것을 의미하는 지도 모른다.
　국가적인 차원에서 고독한 죽음이 발생되지 않도록 계속적인 관심과 정책적인 뒷받침이 되어야 할 것이다.

　고독한 죽음······.
　더 이상 남의 일이 아니라 바로 내 이웃, 내 가족의 일이 될 수도 있다.
　그리고 언젠가 내 자신에게 닥칠 현실일지도 모른다.

제12장
나이팅게일의 눈물

오늘도 출근길에 안개가 자욱하게 끼었다.

하얀 안개 속을 달리던 나는 문득 가슴속에 묻어 두었던 아픈 기억을 떠올렸다.

중환자실에서 근무하던 당시의 일이다.

night duty(밤 근무)였던 나는 중환자실로 들어서면서 한 침대 옆에 간호사와 의사 몇 명이 모여 있는 것이 보였다.

응급상황이 생겼거나 상태가 안 좋은 환자가 있는 게 분명했다. 경력이 오래된 순서대로 '중환'을 맡아야 했기에 내가 그 환자 담당간호사가 되었다.

나이는 6살, 그날 생일인 어린 소녀였다.
머리에는 붕대를 감고 있었고, 두 눈엔 거즈가 덮여 있었다.
인공호흡기를 달고 있는데 이미 뇌사한 상태였고, central iv line(중심정맥관)으로는 주렁주렁 혈압을 상승시켜주는 약물과 수액들 그리고 혈액과 혈장액을 짜 넣고 있었다.
이미 많은 수액이 들어간 상태라 자그마한 몸이 퉁퉁 불어 있었다.

딸이 귀한 집안에 태어나 할아버지를 유난히 따랐다는 그 소녀는 할아버지의 실수로 그 지경이 되었다고 했다.
손녀의 생일잔치를 위해 바비큐를 해준다고 할아버지가 드럼통을 전기톱으로 자르다가 통 안에 들어있던 가스가 폭발하면서 곁에 있던 소녀의 머리에 맞았고, 응급실에 실려 왔을 때 이미 심장이 정지되어 있었다고 했다.

심폐소생술과 전기충격으로 심장은 다시 뛰기 시작했지만 뇌손상이 너무 심각해서 수술을 할 수조차 없는 상태였고, 심장도 언제 멈출지 모르는 상황이었다.

레지던트가 자리를 뜨지 못하고 밤을 새우며 지켜보았다.
소변이 더 이상 나오지 않고 약을 써도 혈압이 계속해서 떨어지기 시작하다가, 결국 맥박이 급속히 줄기 시작하자 당직의는 보호자들을 불러달라고 했다.

할아버지가 달려 들어와 소녀를 부둥켜안고 통곡을 하기 시작했다. 다른 보호자들도 들어왔고 맨 마지막에 소녀 아빠의 부축을 받으며 손수건으로 창백한 얼굴을 가린 소녀의 엄마가 들어왔다.
할아버지는 의사의 옷을 붙잡고 살려달라고……. 차라리 자기 장기를 손녀에게 떼어주고 자기가 죽겠노라고 말하며 울부짖었다. 하지만 그것은 불가능한 일이었다.

의사는 소녀의 상태를 자세하게 설명하면서 곧 사망할 거 같다고 말했다.

그 말에 가까스로 서있던 소녀의 엄마가 쓰러졌다.

놀란 간호사들이 보호자를 급히 침대에 눕히고 혈압을 재고 의사 지시에 따라 수액을 달았다.

할아버지는 몸부림을 치면서 통곡을 해서 결국 병원 경비들이 올라와 중환자실 밖으로 모시고 나가야만 했다.

가족들의 통곡소리가 중환자실 밖에서 들려오고 있었다.

밤새도록 나는 소녀의 곁에서 떠날 수가 없었다.

소녀의 맥박은 떨어질 듯하다가도 다시 올라가기를 반복하고 있었다.

소변은 이미 나오지 않은지 오래되었고, 혈압측정은 불가능했다.

소녀의 몸은 풍선처럼 부풀어 터질 듯했다.

그렇게 긴 밤이 지나도록 소녀의 심장은 미약하지만 계속 뛰어주고 있었다.

아침 근무를 나온 간호사들에게 인계를 할 준비를 마치고 막 인계를 시작하려고 하는데, 내가 인계할 동안 소녀 곁을 지키기로 했던 간호사가 뛰어왔다.

"선생님! 이번엔 진짜루 심장이 멈추려는 것 같아요!"

당직의를 불렀고 밖에서 대기하고 있던 보호자들도 들어왔다.
EKG(심전도) wave(웨이브)가 서서히 평행선을 그려가고 있었다.
의사의 사망선고가 이어졌고, 할아버지는 소녀를 잡고 또다시 통곡하기 시작했다.
다른 보호자들은 그저 망연자실하게 할아버지와 소녀를 쳐다보고 있었다.
인공호흡기를 떼려고 하자 할아버지가 완강하게 막았고, 결국 경비와 다른 보호자들에 이끌려 나갔다.
간호사들이 소녀의 주변을 정리하는 동안 나는 인계를 계속했다.

밤새도록 소녀에게 최선을 다했기에 하얀 시트에 덮여 실려 나가는 소녀를 바라보는 내 마음은 한없이 허탈했다.
"선생님, 밤새도록 고생하셨는데 해장국 먹고 가요!"

간호사들은 밤참도 제대로 못 먹고 일한 나를 위로해 주었지만 나는 아무 생각이 없었다.

퇴근하려고 병원을 나서자 하얀 안개가 자욱하게 끼어 있었다.
너무 피곤하다는 핑계를 대고 간호사들과 헤어져 집으로 향했다. 하얀 안개가 얼마나 자욱한지 한치 앞도 분간할 수가 없었다.
밤새도록 제대로 앉지도 못하고 일해서인지 다리는 퉁퉁 부어올라 걸을 때마다 아팠지만, 나는 안개 속을 하염없이 걸었다.

한참을 걸었을 즈음 어디선가 종소리가 들려왔다.
종소리가 들려오는 방향으로 계속 걸어가자 눈앞에 어떤 절이 나타났고, 절 정문 앞에서 하얀 국화 다발을 파는 아주머니가 있었다.

난 국화 한 다발을 사가지고 절로 들어갔다.
절 안도 안개로 자욱하였는데 사람들을 따라 계단을 올라가자 부처님이 있는 사당이 나타나고, 부처님 곁에는 수없이 많은 촛불들이 켜져 있고, 그 앞 단상위에 사람들이 국화를 올려놓고 절을 하고 있었다.

국화를 손에 들고 문밖에 서있는 나에게 비구니스님이 웃으며 들어오라고 손짓했다.

난 신발을 벗고 들어갔지만 어떻게 해야 할지 몰라 절하는 사람들 뒤에 서 있었다.

비구니스님이 다가와서 내 손을 잡고 단상 앞으로 가서 꽃을 내려놓으라고 한 후에 죽은 사람을 위해 절을 하고 명복을 빌라고 했다.

한 번도 그런 것을 해보지 않은 나는 비구니스님이 시키는 대로 절을 한 후, 두 손 모아 기도를 드렸다.

부디 행복한 세상에서 고통 없이 잘 지내라고…….

기도를 마치고 계단을 내려오는데 어디선가 여자아이의 웃음소리가 들려왔다.

난 안개가 걷히는 절 안을 돌아보며 아이들이 있는지 사람들에게 물어보았지만, 그곳엔 아이가 한 명도 없었다.

계단을 다시 올라가서 비구니스님께 소녀이야기를 했다. 그리고 웃음소리에 대해서도……
비구니스님은 빙그레 웃으며 소녀의 영혼이 이생에 떠돌지 않고 편안히 극락으로 가게 되어 고마워서 웃은 걸 거라고 했다.
아무도 내 말을 믿지 않겠지만 그때 분명히 여자아이의 웃음소리를 들었었다.

계단을 천천히 걸어 내려오면서 내 얼굴 위로 눈물이 흐르는 것을 느꼈지만 닦지 않았다.
안개가 짙어 내가 눈물을 흘려도 아무도 알지 못할 거라고 생각했다.
어떻게 집을 찾아 갔는지 지금도 알 수 없다.
그 뒤에 그 절을 다시 찾아가 보려고 했지만 찾을 수가 없었다.

한참이 지난 지금 그때처럼 자욱한 안개가 끼어 있는 것이다.
그리고 그때 흘렸던 눈물과 맹세를 기억해 냈다.
죽어가는 사람들의 영혼까지도 위로해 줄 수 있는 간호사가 되겠노라고……

아직도 내 가슴속에 나이팅게일의 눈물이 흐르고 있는지 잘 모르겠다.